Gabriel Ringlet

Données de catalogage avant publication (Canada)

Ringlet, Gabriel, 1944-
  La résistance intérieure

  (L'intégrale des entretiens NOMS DE DIEUX d'Edmond Blattchen)

  ISBN 2-7604-0722-5

1. Ringlet, Gabriel, 1944 - Entretiens. 2. Vie spirituelle.
3. Journalistes - Belgique - Entretiens. 4. Théologiens -
Belgique - Entretiens. I. Blattchen, Edmond, 1949- .
II. Titre. III. Collection : Blattchen, Edmond, 1949- .
Intégrale des entretiens NOMS DE DIEUX d'Edmond
Blattchen.

PN5266.R56Z47   2000   070'92   C00-940095-8

Les Éditions internationales Alain Stanké remercient le Conseil des Arts, le ministre du Patrimoine canadien et la Société de développement des entreprises culturelles pour leur soutien financier.

Dépôt légal : Bibliothèque nationale du Québec, 2000.

Les Éditions internationales Alain Stanké
615, boulevard René-Lévesque Ouest, bureau 1100
Montréal (Québec) H3B 1P5
Téléphone : (514) 396-5151
Télécopieur : (514) 396-0440
Courrier électronique : editions@stanke.com

L'intégrale des entretiens
NOMS DE DIEUX
d'Edmond Blattchen

Gabriel Ringlet

La résistance intérieure

Ce texte est la transcription de l'émission NOMS DE DIEUX
d'Edmond Blattchen enregistrée le 20 décembre 1995
et diffusée le 14 janvier 1996
sur les ondes de la Radio Télévision belge,
augmentée de la bibliographie mise à jour de l'auteur.
Les titres de chapitre sont de l'éditeur.
L'émission NOMS DE DIEUX, produite et présentée
par Edmond Blattchen, est une réalisation
du Centre de production de Liège de la RTBF.
L'éditeur remercie tous ceux qui ont rendu possible
la publication de cet ouvrage,
en particulier Gabriel Ringlet et Edmond Blattchen,
Jean-Marie Libon et l'équipe de l'émission NOMS DE DIEUX,
« les Amis de la RTBF Liège »
et Mamine Pirotte,
directeur du Centre de production de Liège de la RTBF.
L'édition et les notes du présent ouvrage sont de
François-Xavier Nève de Mévergnies.

L'enregistrement de cette émission sur cassette VHS,
éditée par RTBF Vidéo, est disponible
à la Médiathèque de la Communauté française de Belgique
(référence F 115 SA2450).

Crédits photographiques :
portraits de Gabriel Ringlet : © J.-F. Lefèvre/Albin Michel ;
l'image : © Piem ; les symboles : © Photos RTBF.

© 1998 Alice Éditions, Bruxelles, et RTBF Liège.
Dépôt légal : D/1998/7641/6
ISBN 2-930182-10-5
Imprimé en Belgique.

Diffusion exclusive :
Altéra Diffusion, Bruxelles, Belgique.
Diffusion exclusive pour la France :
Éditions Desclée de Brouwer, Paris.
Diffusion exclusive pour la Suisse :
OLF, Fribourg.
Diffusion exclusive pour le Canada :
Éditions internationales Alain Stanké, Montréal, Québec.

« *Je pense que la tâche*
du prochain siècle,
en face de la plus terrible menace
qu'ait connue l'humanité,
va être d'y réintégrer les dieux. »

André Malraux

Sommaire

Gabriel Ringlet.

Gabriel Ringlet, bonjour

par Edmond Blattchen

EDMOND BLATTCHEN. — *Madame, Mademoiselle, Monsieur, bonjour.*

Il y a tout juste un an, pratiquement jour pour jour, éclatait avec la révocation de Monseigneur Gaillot l'une des affaires les plus marquantes de l'histoire contemporaine de l'Église catholique. Un événement qui n'en a pas encore fini, loin de là, de faire couler beaucoup d'encre, comme en témoignent les livres, les revues, les dossiers, les numéros spéciaux de magazines, qui lui ont été consacrés depuis un an. Parmi toutes ces publications, retenons-en trois auxquelles notre invité de ce soir a été directement associé. Tout d'abord, le Livre blanc à Jean-Paul II *publié aux Éditions EPO sous*

la forme d'extraits de lettres de chré-
tiens de Belgique et de France. Ensuite,
le dossier de la Jeunesse étudiante chré-
tienne dans l'Enseignement supérieur,
« Les affaires de l'Église de Léonard à
Gaillot », sous-titre du document pu-
blié par Vie Ouvrière : Quand l'Église
pose questions. *Enfin, le livre écrit*
en duo, Dialogue et liberté dans
l'Église, *publié par le mensuel*
L'Appel *et les Éditions Desclée de*
Brouwer [1]*. Deux voix dans la même*
voie, celle de Jacques Gaillot, que nous
avons déjà reçu ici-même, et celle de
Gabriel Ringlet, que nous recevons
aujourd'hui.

Gabriel Ringlet, bonjour.

GABRIEL RINGLET. — Bonjour.

Il y a un an, vous avez, parmi les pre-
miers, pris la défense de l'ancien
évêque d'Évreux, répondant ainsi, ex-
pliquez-vous, « à un sentiment d'ur-
gence face à un événement hautement
spirituel ». Dans ce livre-dialogue,
vous témoignez en chœur de votre vo-

lonté de liberté et de fidélité. Fidélité à l'Évangile et fidélité à l'Église. Mais surtout, liberté. Une liberté qui, pour vous, Gabriel Ringlet, rime certes avec vérité, mais avec une vérité dans la diversité car, je vous cite encore, « unité n'est pas uniformité ». Un œcuménisme sans frontières, « au-delà du clan », comme vous dites, et ouvert à tous, y compris aux non croyants. Alors, Ringlet, le Gaillot belge ? Absolument pas. Lui, c'est lui, et vous, c'est vous ! Sans doute êtes-vous l'un et l'autre des résistants. Mais alors, sur des fronts différents. Lui du côté des exclus, et vous dans le sillage des poètes. En effet, vos deux passions à vous, Gabriel Ringlet, c'est, d'une part, l'Écriture avec un E majuscule, et, d'autre part, l'écriture avec un e minuscule.

La Parole, tout d'abord. Ordonné prêtre en 1970, vous avez, pendant dix ans, exercé la double fonction de curé et d'aumônier de la Clinique du Mont-Falise, à Huy. Les paroles, ensuite : après des études de philologie romane et de philosophie à l'Université catholique de Louvain, vous y décrochez en 1979 un doctorat en Communication sociale, département dont vous serez d'ailleurs le président, ce qui ne vous empêche pas aujourd'hui de continuer à y enseigner. C'est ainsi que, depuis plus de quinze ans maintenant, la Bible sous un bras, et le journal sous l'autre, vous multipliez les ponts entre les nouvelles et la Bonne Nouvelle : à l'université, où vous avez fondé, il y quelques années, l'« Observatoire du Récit médiatique », puis au Prieuré de Malèves-Sainte-Marie, entre Namur et Bruxelles, où vous animez, depuis plus de dix ans maintenant, « La Maison de la Communication ».

On l'aura compris : réconcilier l'actualité et la spiritualité, voilà votre principal combat. Non sans affirmer haut et fort, je vous cite, « qu'il n'y a pas de journalisme chrétien pas plus qu'il n'y a de mathématique chrétienne », et de le prouver pendant vingt ans comme chroniqueur religieux à La Wallonie, *le quotidien de la très puissante Fédération liégeoise des métallos de la FGTB, le syndicat socialiste. Dans la presse chrétienne, votre signature est bien connue des lecteurs de* L'Appel, *de* Témoignage chrétien, *de* La Vie *ou encore de* La Croix. *Car écrire, voilà bien l'essentiel de votre sacerdoce, un sacerdoce de l'imaginaire, qui, dans son inspiration, accueille de la même manière « parole d'Évangile » et « parole d'écrivain ». Votre plume écrit aussi dans des livres l'aujourd'hui de Dieu, tantôt en solo, tantôt dans des ouvrages collectifs. Citons, notamment :* Dieu et les journalistes, *paru en 1982 chez Desclée de Brouwer ;* La puce et les lions, le journalisme littéraire, *écrit en collaboration avec l'un de vos grands maîtres, Lucien Guissard, en 1988 ;* Ces chers disparus, *un essai original sur les annonces nécrologiques dans la presse francophone, publié en 1992 chez Albin Michel ; ou encore,* Éloge de la fragilité, *l'actualité à fleur d'Évangile, réédité chez*

Desclée de Brouwer. « Fragilité » : voilà bien le maître mot de votre pensée. Fragilité de l'homme, de l'Évangile, de l'actualité, mais aussi, et peut-être même surtout, fragilité de Dieu.

LE TITRE

de

Non   *Dieu*

à

EDMOND BLATTCHEN. — *Gabriel Ringlet, voilà un titre presque en forme de
signe de croix ! « Non de/à Dieu » est
un titre qui ressemble un peu — tiens,
tiens, est-ce un hasard ? — à celui
qu'avait écrit ici même, il y a quelques
années, Jacques Gaillot : « Les "non"
(ce non-là) de Dieux », voulant dire,
en fait, les « non » qu'on attribue gé-
néralement par erreur à Dieu. Est-ce
dans ce sens-là que vous avez écrit :
« Non de/à Dieu » ?*

GABRIEL RINGLET. — C'est sûrement dans
ce sens-là. Nous ne disposons que de
quelques *oui* seulement dans la vie, très
peu de *oui*. C'est le poète Christian
Bobin qui dit : ces *oui*, nous devons les

protéger ; nous ne devons pas les délivrer comme cela, facilement, et nous avons besoin, dit-il, d'une infinité de *non* pour protéger les quelques *oui* dont nous disposons.

Je pense que la Bible dit tout le temps *non*, que Dieu dit tout le temps *non*. J'ai été très marqué par un passage du *Livre de l'Exode* — je l'ai pris avec moi, je souhaite vraiment vous le commenter quelques secondes, — qui rejoint d'ailleurs d'autres de mes préoccupations. Le Seigneur y dit : « Alors, quand passera ma gloire, je te mettrai dans le creux du rocher. Et, de ma main, je t'abriterai tandis que je passerai. Et puis, j'écarterai ma main et tu me verras de dos ; mais, ma face, on ne peut pas la voir. » C'est tout à fait extraordinaire : Dieu nous protège de sa main, Dieu nous défend de lui. Je crois que la Bible est une grand révolte contre le tout indifférencié. La Bible est un combat pour l'altérité. Moi, je crois que la Bible nous invite à dire *non*, elle dit *non*, Dieu dit *non* pour ouvrir un « oui » en l'homme.

Mais ce qui est étonnant, c'est que, parfois, on peut voir Dieu de face et ne pas mourir. Ce face-à-face peut n'être pas mortel. Vous vous rappelez ce passage de la Bible qui nous raconte que Jacob, au gué du Jabbok, ce fameux torrent, vient de faire passer ses deux femmes, ses deux servantes et ses onze enfants ; lui se trouve seul de l'autre côté du torrent lorsqu'un homme s'approche et se roule avec lui dans la poussière jusqu'au lever de l'aurore.

C'est extraordinaire : l'homme peut donc se battre avec Dieu. Et non seulement il peut se battre avec Dieu, mais l'emporter sur lui. La Bible poursuit : « On ne t'appellera plus Jacob mais Israël, car tu t'es battu avec Dieu et tu l'as emporté. »

Se battre avec Dieu, n'est-ce pas céder au péché d'orgueil ?

Je ne crois pas. C'est tout le contraire : c'est pouvoir prendre Dieu par l'épaule, c'est pouvoir remettre Dieu à sa place. C'est tout le combat de l'Ancien Testa-

ment, c'est tout le combat des *Psaumes*.
Regardez Job : c'est aussi la même chose !

Vous l'avez dit tout à l'heure, et c'est très vrai : je ne suis absolument pas capable de vivre sans un poète tout près de moi. Je me suis permis d'apporter un poème de Jean Debruynne[2], *Le gué du Jabbok*, où il dit ceci :

> « Dans un cri raboteux, il m'a pris par la hanche,
> Il m'a laissé boiteux mais j'ai pris ma revanche,
> J'ai rendu coup pour coup, ce Dieu est vulnérable,
> J'ai sauté les verrous qui me tenaient coupable,
> Dieu cessait d'être vieux, ne jouant plus un rôle,
> Il n'était plus que Dieu, je l'ai pris par l'épaule. »

Dieu veut notre liberté ; Dieu ne supporte pas que l'homme soit à plat ventre devant lui. Mais je me demande parfois si les chrétiens ont tiré toutes les conséquences de cela : est-ce que nous menons vraiment notre combat « Dieu à homme » ? Est-ce que… — je ne veux choquer personne — mais on ne peut véritablement rencontrer Dieu sans se battre et sans se rouler avec lui dans la poussière jusqu'au lever de l'aurore.

C'est votre « filleul académique », Olivier Clément, le théologien orthodoxe, qui, dans La révolte de l'esprit, *dit : « Il ne faut surtout pas faire l'économie de ce combat avec Dieu. »*

Voilà : je suis très proche d'Olivier Clément [3] ; c'est lui qui, à travers Dostoïevski et toute cette merveilleuse théologie orthodoxe, m'a finalement peut-être le plus appris ce combat, en disant que c'est aussi le combat d'Aliocha. Ce grand personnage, dans *Les frères Karamasov*, a un frère, qui va découvrir la terre eucharistie après s'être battu toute la nuit, et embrasser la terre : c'est le fameux « baiser à la terre » d'Aliocha. Voilà encore Olivier Clément, c'est vrai.

Alors donc, « Dieu au-delà de Dieu », pour reprendre le titre d'un livre important, posthume, de quelqu'un qui

*a également beaucoup compté dans
votre parcours : Jean Sulivan[4].*

Tout à fait.

*Au-delà de nos propres représentations
de Dieu, aussi.*

Exactement ! Et c'est lui aussi qui dit
qu'« il faut pouvoir dire *non* à Dieu par
fidélité à Dieu ». Le mot *non*, N.O.N.,
n'est pas du tout un *non* péjoratif. Ce
n'est pas un mot enfermant, mais un
mot extraordinairement mobilisateur ;
c'est Sulivan qui m'a dit cela : cette fidélité à Dieu, en lui disant *non*. Quel merveilleux résumé de toute la Bible !

*Finalement, d'une certaine manière, le
premier à avoir dit* non *à Dieu, c'est
Jésus — qui disait* non *à un Dieu qui
aurait fait peur.*

Pour moi, Jésus est mis à mort parce
qu'il refuse la caricature qu'on faisait de
Dieu, parce qu'il veut rendre Dieu
proche. Oui, c'est tout à fait vrai ! Et

moi, cela m'a énormément marqué pendant toute ma formation au Grand Séminaire de Liège : j'allais devenir prêtre, et je devais comprendre que des hommes de religion avaient mis Jésus à mort parce qu'il rendait Dieu proche et fragile !

Alors voilà déjà Gabriel Ringlet tel qu'en lui-même, citant tantôt la Bible, tantôt un poème, tantôt un théologien, tantôt un écrivain, sur ce thème-là, celui de la fragilité de Dieu, de ce Dieu vu de dos et « dont le dos est beau », disait Jean Sulivan. On pourrait citer également — vous le faites souvent et je le fais à votre place, excusez-moi — Michel Serres, qui dit : « Je crois que Dieu est infiniment fragile[5]. » On pourrait aussi citer — vous êtes, je dirais, « un résistant de l'œcuménisme », Gabriel Ringlet, — ce grand théologien protestant, Dietrich Bonhoeffer, qui parlait d'un « Dieu faible ». « Dieu se laisse déloger du monde et clouer sur la croix », disait-il. Et encore : « Dieu est impuissant et faible dans le monde et ainsi seulement il est avec nous et nous aide. » Quand on connaît la fin dramatique de Dietrich Bonhoeffer,, qui a été pendu en 1945 pour avoir participé à l'Église confessante opposée à Hitler... Et puis, parmi les poètes, Christian Bobin — vous avez d'ailleurs commencé par lui — : quand il parle du « Très-Bas », c'est de ce Dieu-là que vous voulez parler ?

Bien entendu : je ne peux pas rencontrer un autre Dieu ! La toute-puissance de Dieu, si j'ose le dire dans ces termes-là, ne m'est alors plus accessible. Je ne peux plus rencontrer que le Très-Bas, et c'est d'ailleurs pour moi la seule manière d'essayer de comprendre cet immense mystère qu'est le problème du mal. Si Dieu n'est pas « très bas », je ne peux plus comprendre le mal, je ne peux plus comprendre ce « mon Dieu, mon Dieu, pourquoi m'as-tu abandonné ? », ce Dieu qui marche à mes côtés. C'est Marguerite Yourcenar qui dit : « Nous devons, nous *hommes*, venir au secours de la faiblesse divine, comme s'il y avait une faille dans l'absolu. » Quel merveilleux hommage à l'homme !

Oui, c'est un thème tout à fait d'actualité ! Je ne sais pas si vous connaissez ce roman de Georges Delarue, La faiblesse de Dieu. *Il raconte l'histoire d'un galeriste juif américain à la recherche d'un peintre allemand qui a peint une toile dont le titre est précisément « La faiblesse de Dieu ». Mais ce « Très-Bas », familier pour vous, c'est, pour nous, une nouvelle image de Dieu, à laquelle l'Église ne nous a sans doute pas toujours accoutumés !*

Je voudrais citer ici quelqu'un que vous connaissez également : le sociologue et psychanalyste français, Jacques Maître, qui vient de publier un livre très intéressant aux Éditions du Cerf sur sainte Thérèse de Lisieux. Il écrit : « Après Thérèse de Lisieux, Dieu n'a plus été le même. Alors que le Dieu de son entourage était un Dieu terrifiant, qui exige pénitence et punition, Thérèse a l'idée d'un Dieu mater-

nisé, purement bon, dont on n'a rien à craindre. » Alors, pour vous, Thérèse a mis au monde un nouveau visage de Dieu ?

Pour moi, ceux qui sauveront l'Église, ceux qui sauveront la religion — mais j'anticipe peut-être déjà sur le siècle suivant, — ce sont les grands mystiques. Au XVIᵉ siècle, Thérèse d'Avila fut une très grande théologienne ; elle a révolutionné la théologie. Elle a changé complètement le regard que nous portions sur Dieu. Mais, hélas, comme il arrive trop souvent, après les grands bouleversements, après les grands changements, on récupère les mystiques et on en fait quelque chose de mièvre, d'étroit, alors qu'il y a chez eux un souffle exceptionnel, une poésie géniale, monumentale. Je crois que Thérèse d'Avila est une des très grandes forces de la nature, qui a traversé la théologie et qui nous montre « un chemin de feu ». Et donc, elle parle à la fois de cette toute-bonté de Dieu, elle annonce déjà le Très-Bas, sans employer cette expression, mais elle le fait avec une flamme extraordinaire car — il ne faudrait pas s'y tromper — cette fragilité est une force.

> *Mais Thérèse de Lisieux parlait de Dieu au XIX* siècle, et, au XIX* siècle, Dieu avait un visage terrible ! Donc, en un siècle, Dieu a évolué !*

C'est vrai.

> *Dans le sens de la fragilité, vous croyez ?*

Pour l'instant, je ne vois pas comment un vrai croyant, c'est-à-dire un croyant qui accepte de dire *non* à Dieu et de se battre et de se rouler avec lui dans la poussière, peut rencontrer Dieu par un autre chemin, que ce chemin de fragilité. Plus que jamais, dans un monde particulièrement dur, c'est de là que viendra le sens.

QUI PEUT SAUVER SARAJEVO ?

Dessin de Piem.

L'IMAGE

L'écran noir

EDMOND BLATTCHEN. — *Voilà un choix, ma foi, étonnant, Gabriel Ringlet ! Vous auriez pu choisir une photo, une grande photo du siècle, que sais-je ? Le champignon d'Hiroshima, ou une grande toile du siècle comme* Guernica.

Mais non : vous nous présentez une caricature, mieux peut-être, un dessin, un dessin de Piem, paru dans le journal catholique La Croix, *très exactement le 12 janvier 1994. Piem, ce n'est pas vraiment un hasard. C'est lui qui a illustré la couverture de* Ces chers disparus, *paru il y a quelques années chez Albin Michel. C'est votre ami ?*

GABRIEL RINGLET. — C'est mon ami, oui ; j'ai quelques amis, dont Piem. C'était une rencontre inattendue. Nous participions à un colloque à Lille, et nous nous sommes retrouvés seuls, à deux, dans une voiture, pendant vingt minutes de grâce, je peux le dire après coup ; nous avons parlé de la mort, et il m'a dit : « Je viens de perdre un de mes enfants, une de mes filles, du sida. » Il m'interrogeait justement sur *Ces chers disparus* et il m'a dit, un peu plus tard dans la conversation : « Moi, j'aimerais tant *re*caricaturer la mort. » J'ai alors pris le risque ; je lui ai demandé : « Pourquoi ne feriez-vous pas la couverture de mon livre ? » Ça a provoqué un déclic chez lui, et puis, après, il a consacré lui-même un ouvrage remarquable sur la mort. Il est venu au Prieuré ; une grande amitié était née. De temps en temps, sur mon fax, j'ai un petit mot de lui, toujours singulier…

Mais j'ai voulu aussi, à travers ce dessin, rendre hommage à cette forme de journalisme-là. Je crois que les caricaturistes, dans les journaux, sont de grands journalistes : il faut le rappeler de temps en temps. En plus, cette caricature est à mes yeux universelle : « Qui peut sauver Sarajevo ? », ce peut être aussi « qui peut sauver le Rwanda ? », « qui peut sauver le Burundi ? », « qui peut sauver l'Algérie ? ». Par ce dessin, on peut voyager dans le passé, aller vers l'avenir ! Moi, je suis très touché par la simplicité universelle de ce dessin. Vous voyez que les carreaux sont cassés : dehors, c'est la guerre, c'est la violence ; et je vois là une femme assise sur un petit tabouret, comme je les ai connues dans mon village natal, elle fixe un écran noir, à moins que ce ne soit la bougie allumée au-dessus de l'écran. Alors, que regarde-t-elle ? N'est-ce pas une surprenante parabole de l'actualité ? N'est-ce pas la situation d'un très grand nombre de nos contemporains ?

Qu'il s'agisse de peuples ou d'individus qui sont en train de contempler l'écran noir de leur vie quotidienne, qui n'ont plus de travail, qui ne savent plus où ils en sont, qui sont à bout de souffle... Donc, cette image me touche profondément ; de ce point de vue-là, elle est un peu comme Dieu, tout à l'heure : cette femme, je ne la vois que de dos, je ne sais pas quel est son visage, et il n'y a pas non plus de visage sur l'écran, mais il y a une bougie. Alors, évidemment, je ne peux pas ne pas penser à saint Matthieu : une lampe n'est pas faite pour être mise sous le boisseau, ou *dans* le boisseau, c'est-à-dire dans le tonneau à grains, selon l'Évangile ; elle est faite pour être mise sur le lampadaire pour qu'elle éclaire de sa lumière la petite pièce palestinienne. Le lampadaire, ici, c'est un téléviseur. Dans la vie d'aujourd'hui — et je pense que beaucoup de gens peuvent le dire, — je ne tiens le coup que parce que je sais qu'il y a quelque part une petite lampe qui brûle, parce qu'il y a des hommes et des femmes qui résistent, qui s'usent, qui brûlent de l'intérieur, qui coulent comme une bougie : c'est pour cela qu'un avenir est encore possible.

Hommage d'un spécialiste du journalisme aux journalistes, à travers ce dessin de Piem... On vous retrouve là tel que vous êtes : tout à l'heure, dans la présentation, je disais que, depuis plus de quinze ans, vous jetiez des ponts entre les nouvelles et la Bonne Nouvelle. Vous venez de parler de parabole, à propos de ce dessin. Est-ce à dire que, pour vous, Dieu ne se rencontre pas seulement dans les églises ?

Pour moi, Dieu se rencontre dans un compte rendu sportif, il se rencontre dans un fait divers. « Dieu nous attend » — c'est mon cher ami Lucien Guissard[6] qui a dit ça, — « Dieu nous attend au creux de la parabole. » Et si j'accorde tellement d'importance aux événements de l'actualité qui nous font signe, c'est parce que je pense vraiment que c'est là, aujourd'hui, que s'écrivent quelques-unes des plus belles paraboles de notre temps. C'est extraordinaire pour moi, lorsque je regarde la télévision, cette rencontre de la parabole contemporaine. Je suis très très marqué par les visages, à la télévision ; et plutôt que de décrier tout le temps les moyens de communication sociale, je me dis parfois : si nous changions notre regard, nous serions très étonnés des rencontres qui sont possibles par leur intermédiaire…

On est aujourd'hui parfois très dur avec les journalistes ; on a tendance à casser, non pas la vitre, mais l'écran !

Même si on jette une pierre sur le petit écran, l'influence du petit écran continuera ! On a raison, à certains moments, d'être critique, parce qu'il y a vraiment télévision et télévision. Christian Bobin, qu'on a déjà cité, dit que la télévision, c'est « le mal » : *tu es là*, dit-il, *devant ton écran, et…*

Dans L'inespérée, *un texte terrible !*

Oui, terrible ! *On te balance le but d'un footballeur.* Ou bien : *parlez-moi de votre mère ; vous avez une minute et trois secondes.* Évidemment, on est là en pleine caricature. Mais je pense qu'on ne peut pas séparer les relations immédiates, la relation que nous avons par exemple maintenant, l'un avec l'autre, et les relations médiates, celles qui se passent par un intermédiaire : les médias, ils sont aussi notre vie intérieure, ils sont aussi notre vie spirituelle ; il ne faut pas les mettre au désert comme s'ils n'avaient rien à voir avec la vie concrète. Moi je refuse cette dichotomie, cette fausse frontière.

Vous répétez aussi, régulièrement, que la place publique, aujourd'hui, c'est « le journal de 20 heures ». C'est peut-être ce journal-là — je reviens au dessin de Piem — que cette dame regarde, alors que l'actualité se passe justement chez elle ; l'écran est noir... Et c'est vrai que, même chez nous, même si l'actualité est Sarajevo, l'écran redevient très vite noir ! On retrouve là une notion à laquelle vous êtes extrêmement sensible et attentif : c'est l'éphémère de l'information, de l'actualité, et la médiatisation à court terme. « Il faut », dites-vous, « souvent préserver la mémoire. »

Je pense qu'on ne pourra pas vivre, qu'on ne pourra pas continuer à vivre, si on n'*enracine* pas l'actualité. Vous savez à quel point je suis marqué par Paul Ricœur. Puisque nous sommes en train de parler de Sarajevo, c'est lui qui a dit à ce propos les choses les plus marquantes pour moi : « Nous devons conduire la mémoire jusqu'à son deuil pour être capables de reconstruire[7]. »

Je rencontre beaucoup de jeunes, et pas seulement à l'université, mais dans toutes les écoles secondaires que je fréquente dans le cadre de mes fonctions actuelles, et je suis très frappé de voir à quel point nous devons absolument jeter des ponts entre la mémoire et l'actualité. Ne rejeter ni l'une ni l'autre, mais enraciner cette actualité.

C'est pour ça qu'il y a quelques années vous avez fondé avec d'autres, avec Marc Lits notamment, l'« Observatoire du Récit médiatique », à l'Université catholique de Louvain, dans le département Communication où vous enseignez toujours, très exactement

dans l'« Unité du Récit médiatique ».
Quatre numéros y ont été publiés, que
je recommande : en 1993, La peur, la
mort et les médias *; la médiamor-*
phose d'Alain Van der Biest *et* Le
Roi est mort, *avec un dessin extraor-*
dinaire de Royer ; en 1994, Émotion
et média *; et en 1995,* La presse et
les affaires. *C'est donc bien votre*
combat : réconcilier l'actualité et la
spiritualité. C'est ce que vous faites
aussi dans cette belle Maison de la
Communication, au Prieuré de Ma-
lèves-Sainte-Marie — ce qui ne vous
empêche pas de dire : « Il n'y a pas de
journalisme chrétien ! » Expliquez-
vous là-dessus, Gabriel Ringlet…

Je vais m'expliquer : je pense que,
comme il n'y a pas de mathématique
chrétienne, il n'y a pas de journalisme
chrétien ; mais il y a — j'en suis un té-
moin — des chrétiens qui font du journalisme ! Je pense qu'il est tout à fait
légitime, dans une société comme la
nôtre, qu'il y ait plusieurs projets et que,
donc, des projets de journaux chrétiens

puissent exister. Pourquoi pas ? Mais je refuse que l'on prétende qu'il y a une technique journalistique, une manière d'interviewer, une manière de concevoir un reportage ou une émission, qui serait chrétienne : ça, je l'ai en détestation, je ne vois pas d'autre terme. J'ai interviewé énormément de gens dans ma vie, j'étais à votre place, et c'était tout aussi passionnant. J'ai interviewé le cardinal Danneels, par exemple, très longuement, et cela pour *La Wallonie*, le quotidien du syndicat socialiste : deux pages pleines à l'occasion de la Semaine Sainte !

Est-ce que vous accepteriez de le faire pour un journal d'extrême-droite ?

Non ! jamais ! Il n'en est pas question ! Je pense que la résistance, dans la vie, doit être très stricte. Je suis prêt à dialoguer très loin avec des gens qui ne pensent pas comme moi, je suis prêt à essayer de les rencontrer ; mais mettre ma plume au service d'un journal d'extrême-droite, ce n'est pas pensable pour moi. En revanche, je ne crois pas qu'il y ait une manière de poser au cardinal une question qui serait chrétienne alors que mon voisin, lui, lui poserait une question laïque. Ou bien on fait une bonne interview, ou bien on fait une mauvaise interview, point.

Une bonne caricature, ou une mauvaise...

Voilà ! Il faut bien que la qualité existe encore, quand même !

LA PHRASE

Devancer l'adieu

« Jamais, peut-être, le rapport à la mort n'a été aussi pauvre qu'en ces temps de sécheresse spirituelle où les hommes pressés d'exister paraissent éluder le mystère. Ils ignorent qu'ils tarissent aussi le goût de vivre d'une source essentielle. »
François Mitterrand.

EDMOND BLATTCHEN. — *Fragilité, encore et toujours… Nous avons évoqué celle de Dieu dans le premier chapitre, celle de l'actualité dans le deuxième. Parlons maintenant de notre fragilité à tous, avec cette phrase de François*

Mitterrand que vous avez trouvée, Gabriel Ringlet, dans la préface que l'ancien président français a rédigée pour un livre bouleversant, La mort intime, *un livre écrit par Marie de Hennezel et paru chez Robert Laffont. Le sous-titre de ce livre est tout un programme :* « Ceux qui vont mourir nous apprennent à vivre. » *Marie de Hennezel sait de quoi elle parle : en effet, elle est psychologue et, depuis de nombreuses années, elle accompagne les mourants dans le service des soins palliatifs de l'hôpital de la Cité universitaire, à Paris. Alors, un livre dont François Mitterrand nous dit par ailleurs qu'il est, je le cite,* « une leçon de vie, et la lumière qu'il dispense est plus intense que bien des traités de sagesse ».*

Mais revenons-en à l'extrait que vous avez vous-même retenu.

GABRIEL RINGLET. — Je dirai d'abord que suis vraiment profondément touché, bouleversé, d'avoir découvert cette phrase chez François Mitterrand. François Mitterrand est un personnage qui m'a marqué de toute façon par d'autres chemins, et je savais que, sachant sa mort advenante, il réfléchissait beaucoup à tout cela. Mais de là à lire sous sa plume ce qui est vraiment mon combat depuis très longtemps, et presque littéralement ! C'est vrai que les hommes pressés d'exister veulent éluder le Grand Mystère, sans doute la seule question extrêmement positive qui, vraiment, compte pour nous : ce faisant, une source essentielle pour le goût de vivre se tarit. Autrement dit, parler de la mort — je préfère dire : « parler *la* mort », comme...

Comme on parle une langue étrangère...

Oui, comme on parle une langue étrangère, mais si proche, à la fois, de notre langue maternelle. Ce n'est pas morbide. Je déteste la morbidité, je me méfie vraiment très fort de la morbidité. C'est pour cette raison qu'il faut apporter beaucoup d'humour, et qu'il faut ap-

porter le rire… D'ailleurs, rire et mourir ont toujours été des cousins. Mais ce
n'est pas pour cela qu'il faut introduire
le rire dans tout ceci ; c'est pour ne pas
tomber dans la morbidité. Je ne suis
proche de cette phrase et je ne me pré-
occupe de tout cela que parce que nous
devons mieux vivre. Regardons ce qui se
passe sous nos yeux : qui nous parle vraiment de tous ces suicides d'enfants, de
tous ces suicides de jeunes, dans notre
pays, et même à l'étranger, qui tuent
presque autant que l'autoroute ? Qui

nous parle de tous ces chefs d'entre-
prise qui saluent la compagnie et puis
s'en vont ? C'est la signature sociale de
l'interdit de la fragilité. De l'interdit de
l'échec. On nous interdit de vieillir ! On
nous interdit de mourir ! On nous interdit d'avoir des rides ! Et donc, finalement, des gens qui se trouvent enfermés
par tellement d'interdits ne savent plus
où ils en sont !

C'est vraiment un sujet majeur pour
vous, non ? Vous répétez souvent qu'il
faut presque « danser la mort ». On se

demande même si votre cri le plus fort n'est pas, d'une certaine manière : « Vive la mort ! » ; pas du tout, justement, dans un sens morbide, mais dans le sens où il faut « apprendre à mourir avant de mourir ».

Tout à fait ! D'ailleurs, le livre de Marie de Hennezel qu'a préfacé François Mitterrand commence par « Comment mourir ? ». C'est *la* question, et c'est la question, aussi, de François Mitterrand. Je suis également très marqué par beaucoup de poètes, on l'a déjà dit, et notamment par Jean-Claude Renard[8], qui a cette phrase terrible mais forte : « Ne sois pas de ceux qui ne meurent qu'après leur propre mort ! » Donc, pour moi, c'est la question essentielle : « Comment mourir avant de mourir ? » C'est-à-dire : « Comment laisser la mort venir en soi ? » Nous la portons en nous, la mort, comme une femme enceinte porte son enfant ! Nous devons la mettre au monde. Il n'y a pas un *avant*, un *pendant* et un *après* : la mort, elle n'est pas au bout du chemin ; la mort, elle est *pendant, avec nous.* C'est Sulivan, encore lui, qui dit que « la mort prépare avec nous le café du matin ».

> *Vous parlez de quelque chose que vous connaissez bien, tout en étant bien vivant : vous le rappeliez tout à l'heure, vous avez été aumônier de clinique pendant une dizaine d'années. Rappelez-nous ce que vous faisiez notamment avec les adolescents qui arrivaient à l'âge de la profession de foi, lorsque vous étiez à la Clinique du Mont-Falise, à Huy...*

C'est très important pour moi : un des plus grands souvenirs de mon sacerdoce. La profession de foi se passait la nuit de Pâques. La veille ou l'avant-veille, le Vendredi Saint, on faisait le tour de toutes les chambres des malades, les très grands malades qui allaient probablement mourir dans les jours ou les semaines prochains. Cela se faisait de manière très préparée, très prudente : il y avait trois adultes pour trois enfants ; on entrait dans les chambres, on parlait, quand c'était possible, avec les malades, on leur offrait un dessin fait par les enfants, ou des fleurs, on chantait... Lorsque j'ai revu ces jeunes, qui avaient alors douze ans et qui en ont aujourd'hui vingt-deux, vingt-trois, et dont, parfois, j'ai célébré le mariage, une des choses qui les a marqués dans leur petite adolescence, c'est précisément cette visite à des personnes qui allaient mourir. Si vous saviez la joie qu'il y avait dans ces chambres !

Est-ce que leurs parents comprenaient toujours votre démarche ?

Je n'en suis pas sûr, malgré toute la pédagogie employée. Mais j'ai toujours été très ferme sur ce plan-là : si quelqu'un refusait de faire sa profession de foi dans ces conditions — pardonnez-moi, il ne faut pas l'entendre trop durement, — il pouvait aller frapper ailleurs ! Je pense que, de temps en temps, nous devons avoir des exigences fondamentales à la lumière de l'Évangile.

*Dans sa lettre pastorale de Pâques
1995, « Dire adieu. Vivre dans la fragilité », qui a été rééditée dans* Les sai-
sons de la vie, *aux Éditions du Cerf
et Racine, le cardinal Danneels dit :
« Vivre c'est se détacher. »*

C'est tout à fait cela : la mort présente
avant. Je pense que nous devons apprendre à mourir, c'est-à-dire apprendre
à laisser petit à petit la mort s'insérer en
nous pour que nous puissions quitter le
monde avant de le quitter vraiment.
Mais ce que je dis là n'est pas du tout
tragique ; cela pourrait paraître très
triste, mais c'est « devancer l'adieu ».
Comment dire *adieu* à ceux que l'on
aime, bien longtemps avant la dernière
heure, pour « les retrouver autrement
mieux », dit Sulivan. Vous savez que
Sulivan a accompagné sa maman et
qu'il a écrit sans doute sur la mort
d'une mère un des plus beaux textes
qui soit en langue française ; ce texte
s'appelle *Devance tout adieu,* où il dit
ceci, qui est très fort : « C'est mainte-

nant, c'est dans l'instant, c'est dans notre rencontre que nous devons vivre tellement pleinement, que le deuil, qui sera toujours terrible, sera peut-être un peu plus facile à vivre. »

Jean Sulivan, qui nous a, lui aussi, quittés trop tôt, victime d'un accident de la route, je crois, en 1980...

Renversé, oui, en plein Paris.

La mort, c'est un sujet grave, c'est un sujet d'actualité également, à travers le débat sur l'euthanasie. J'aimerais vous demander... Vous connaissez bien la Clinique universitaire Saint-Luc, à Bruxelles, qui fait partie de l'Université catholique de Louvain ?

Oui.

On y vit des cas de souffrances qui sont insurmontables. N'avez-vous pas l'impression, parfois, que l'Église a, de ce point de vue-là, sur ce sujet-là, un discours trop dur ?

Je pense que l'Église a souvent, sur les questions éthiques, un discours trop dur. Vous savez que moi, j'en appelle à une Église qui s'émerveille, à une morale qui chante la vie, qui encourage les gens. Mais elle a aussi de très beaux textes sur l'euthanasie. Et je trouve que le mot *euthanasie* est un mot qu'il ne faut pas prononcer trop vite.

Je vais revenir à cette question de l'Église que vous posez ; mais je voudrais dire ici ce que les soins palliatifs signifient pour moi : *l'accompagnement du mourant jusqu'au bout*, et non pas *quand il n'y a rien à faire*. Parce que, « quand il n'y a plus rien à faire », il y a encore beaucoup à faire. Toute cette qualité de l'entourage, c'est extrêmement important, de sorte que, le mot *euthanasie*, je pense qu'on ne peut le prononcer que dans un très petit nombre de cas.

Moi, j'ai rencontré très peu de gens qui demandaient l'euthanasie. Mais je ne veux pas nier que cela existe. Soyons clair : il y a des situations — quelques pour cent, mais ce n'est pas une question statistique — dans lesquelles la souffrance est insurmontable...

Et où il faut choisir entre deux maux...

Et où il faut choisir, voilà ! J'aimerais que l'Église tienne simplement ce discours-là avec humilité, si j'ose dire ; que, quel que soit son choix, elle participe au mal. Donc, choisir de garder la vie, de laisser la vie aller elle-même jusqu'au bout, c'est une valeur positive ; et choisir de soulager la souffrance, c'est une autre grande valeur tout aussi positive. Et l'on ne peut pas, à certains moments, choisir les deux ensemble.

Quand le Cardinal dit : « Je veux pouvoir choisir ma mort », vous êtes d'accord avec lui ?

Oui, mais c'est un idéal. Je pense que, pour pouvoir répondre à cette question, il faut choisir sa mort justement quand il fait beau, quand tout va bien, maintenant. Marguerite Yourcenar le disait

aussi : je voudrais vivre avec un proces-
sus assez lent pour avoir le temps de voir
la mort se développer en moi tout entière. Mais combien de personnes encore meurent dans leur lit ? Une sur
trois ? Le problème n'est pas là. Laisser
la mort se développer tout entière : chez
vous, chez moi, c'est maintenant que se
trouve l'enjeu, ce n'est pas plus tard !

C'est quand même extraordinaire :
quand vous parlez de la mort, vous
avez le sourire !

Oui. Je pense qu'il ne peut pas en être
autrement. Lorsque François d'Assise
est mort, il a demandé qu'on le dépose
nu, sur la terre nue, pour accueillir,
disait-il, « notre sœur la mort ». Une de
mes tantes carmélite m'a dit un jour
qu'elle avait dans sa cellule, sur sa table
de nuit, un crâne. Quand j'étais tout
petit, cela me faisait très peur d'y penser ; et puis, quand j'ai été infirmier,
parce que j'ai été infirmier pendant
mon service militaire, j'ai eu des gens
qui sont morts dans mes bras. Et j'ai

compris les choses d'une manière tout autre et à quel point nous avions besoin de douceur du côté de la mort.

Le saint François de Monsieur André
et un « arpillera » chilien.

LE SYMBOLE

"*Mes François*"

EDMOND BLATTCHEN. — *Il y a là une statuette et un décor. Dites-moi, Gabriel Ringlet : où est le symbole ? dans l'une, dans l'autre, ou dans les deux à la fois ?*

GABRIEL RINGLET. — Vous comprendrez que je ne peux pas les séparer. Je ne peux pas imaginer que ce François-là, qui représente une histoire très personnelle pour moi, soit séparé de ce tableau chilien, qui, lui aussi, a marqué profondément mon itinéraire : on y voit le père Jarlan, qui a été assassiné sous le régime de Pinochet. Mais je vais d'abord vous parler de la statue.

Il y a une dizaine d'années, j'étais à la Clinique du Mont-Falise, à Huy. J'y côtoyais un certain Monsieur André, un handicapé qui travaillait dans un atelier protégé, un homme triste, aussi, parce qu'on avait placé tous ses enfants à l'assistance publique ; il était donc très seul, très blessé, très fragile. Cet homme aurait voulu être artiste. Je savais qu'il sculptait des morceaux de bois. J'évoquais avec lui le souvenir de mon père, qui s'appelait François. (J'étais en effet marqué par le fait que j'avais un père maçon, un manuel, et une mère intellectuelle, professeur de mathématique : une rencontre merveilleuse — je ne supporte donc pas que l'on oppose les deux natures.) Un jour, Monsieur André est venu avec un morceau de chêne qu'il avait trouvé, et m'a dit : « Je vais te faire ton François. » J'ai été bouleversé. Quelques semaines plus tard, il m'a apporté la statue, très embêté parce qu'il n'avait pas « réussi à faire les yeux ». Mais je lui ai dit : « Si tu savais ! les mains, quelle position ! et tout le drapé ! Et puis, il est entièrement tourné vers l'intérieur, ton François ! » Cet artiste, fragile dans son handicap, avait tellement bien compris l'intériorité de François d'Assise !

Plus tard, à Louvain, lorsque je rencontre ce merveilleux ami qu'est Olivier Clément, il me parle souvent du visage. Il ne connaissait pas cette statue. Il me dit un jour : « Le visage, c'est ce qui se refuse à la possession ; on ne peut jamais posséder un visage ; le visage, c'est la donation même ; même sous la torture, on ne possède pas un visage. » C'est extraordinaire !

Le visage est la chose la plus contestataire qui soit de l'actualité.

Et le visage du père Jarlan ?

Je suis allé là-bas, dans cette paroisse de La Victoria, voir mes étudiants chiliens qui m'avaient appelé en pleine dictature. J'étais là avec le père Jarlan et le père Dubois, dans cette petite maison où il a été assassiné alors qu'il était en train de lire la Bible. Les Chiliens ont inventé cet art, qui n'existait pas, un art de la résistance, qui consiste à raconter l'actualité, les faits divers de l'époque, sur du tissu : ce sont des « faits divers de tissu ». Et j'ai été, vous l'imaginez, bouleversé que mes amis m'envoient, peu de temps après l'assassinat du père Jarlan, ce tableau émouvant, qui vaut tous les clichés du monde — j'aurais pu le prendre comme photo. Quel espoir, aussi, parce qu'il y a toujours la Cordillère des Andes et un soleil, quel que soit le dramatique de la situation. Je crois qu'on ne peut pas séparer le François du Moyen Âge et le François de l'actualité, et le François résistant.

La résistance de François, qui fut par ailleurs un grand réformateur, un grand reconstructeur… Vous parliez de maçon, en évoquant votre père. François d'Assise lui aussi fut maçon à sa manière !

Tout à fait.

À San Damiano. Et puis, d'une certaine manière, en reconstruisant l'Église au XIIᵉ-XIIIᵉ siècle. C'était aussi, et avant tout, la résistance intérieure.

Mais à travers un symbole, c'est de soi que l'on parle. Jacques Gaillot, qui est aussi un homme d'intérieur, exprime une résistance très extérieure, avec les exclus ; votre combat, Gabriel Ringlet, est plutôt celui d'un résistant de l'intérieur, non ?

Vous avez raison. Je dirais même que ce que vous dites-là me touche parce que c'est un combat très profond. C'est un véritable choix de vie, pour moi. Vous savez à quel point les artistes, les poètes, les gens de radio et de télévision, tous ces gens que je fréquente professionnellement, m'apportent beaucoup plus que l'extériorité ; ils me conduisent loin à l'intérieur de moi-même.

Je suis de plus en plus convaincu que, par les temps qui courent, une résistance que j'appelle poétique, une résistance par l'imaginaire, est indispensable pour que les choses changent. Pour cela, je puise beaucoup chez François, parce qu'il ne faut pas faire de lui simplement l'homme qui parlait aux petits oiseaux et qui prononçait de belles petites phrases qu'on mettait dans des *fioretti*...

Le « patron des écologistes », comme on dit !

Ce n'est pas vrai ! Enfin, oui et non ! Mais c'est un grand mystique, c'est une figure de proue du monde moderne, d'aujourd'hui !

Vous évoquiez la fin de sa vie : c'est lui qui, dans Frère François *de Julien Green, vous le rappelez fréquemment, a parlé de « notre sœur la mort »...*

Oui. Et vous savez qu'à la fin de sa vie, il a envoyé ses frères et sœurs lui chercher quelques bons petits gâteaux de miel qu'il effleurera à peine, et qu'il s'est fait fabriquer une bure de lin·fin comme s'il retrouvait la folie de sa jeunesse ; et cette bure, on va la lui ôter !

C'est étonnant, ce que vous racontez ! Parce qu'on parlait tout à l'heure de sainte Thérèse de Lisieux ! Dans

Thérèse, le film d'Alain Cavalier que vous évoquez régulièrement, Thérèse de Lisieux, à la fin de sa vie, au moment où elle va partir, a elle aussi presque des « envies de femme enceinte ».

Elle demande un éclair au chocolat... Moi, ça me rassure beaucoup, que les grands saints aient des envies de femme enceinte ! Est-ce que vous savez, à ce propos, pour parler de femmes *enceintes* dans le plus beau sens du terme, que le carmel de Cornillon, à Liège — qui m'est très cher dans mon itinéraire, puisque, dès l'âge de quatre ans, j'allais là-bas, où j'avais ma tante carmélite, — eh bien, savez-vous que saint François aurait voulu venir à Cornillon ? J'ai trouvé cette anecdote chez un biographe qui disait que la réputation eucharistique de la région liégeoise était telle jusqu'en Italie que François en avait entendu parler. Alors moi, je trouve ça tout à fait étonnant : Thérèse d'Avila, Thérèse de Lisieux, François, presque réunis...

Saint François, à qui vous avez dédié votre Éloge de la fragilité, *dont Christian Bobin a écrit une biographie poétisée tout à fait extraordinaire,* Le Très-Bas, *et dont il dit très justement qu'« il était le meilleur ami du Très-Bas »… Alors, voilà deux amis du Très-Bas : le Père Jarlan, père français mort assassiné en 1984 au Chili, et saint François, qui est mort de mort naturelle. À votre avis, ils étaient vraiment deux amis du Très-Bas ?*

72 • Finalement, à considérer le combat du Père Jarlan et le combat de François d'Assise, je suis frappé de voir à quel point les ponts sont jetés par-delà les continents, par-delà les situations ; à quel point, justement, si nous voulons *re*-susciter l'actualité et lui donner toute sa dimension, à quel point ces hommes se rejoignent. C'est cela qui nous sauve, qui me sauve, et — j'ose le dire et je l'ai dit — qui sauve l'Église. C'est que le François que nous avons là, dans toute sa rudesse, se répète dans le plus beau sens du mot *répétition,* se réinvente de

génération en génération, et de combat en combat.

Or, des témoins, il y en a eu beaucoup dans toute l'histoire de l'Église, notamment en ce siècle. Le père Jarlan… On pourrait aussi parler du père Popieluszko, en Pologne, des six pères jésuites de l'Université centre-américaine du Salvador, massacrés par les Escadrons de la Mort en 1989, de Monseigneur Romero. Est-ce qu'ils sont au paradis, à votre avis ?

Vous savez, le paradis… J'en suis convaincu, qu'ils sont au paradis, mais à condition qu'on s'entende bien sur le mot. Je le répète suffisamment souvent : le paradis n'est pas un Club Méditerranée, et les curés ne sont pas des Gentils Organisateurs ! Le paradis, il est en nous ; l'au-delà, il commence maintenant ; l'éternité — c'est cela qui est extraordinaire, — il nous appartient de la construire. Chaque fois que je partage un verre d'eau, j'en suis tout à fait convaincu, je crée un morceau de mon paradis. La question clé qui se posait à Jésus et à ses disciples, ce n'était pas : « Que vais-je devenir dans l'au-delà ? » ; c'est une question qui est tout à fait d'aujourd'hui. La question qu'eux se posaient était : « La justice va-t-elle triompher un jour ? cette mort sur la croix, est-ce qu'elle a du sens ? est-ce qu'elle va ouvrir un nouvel avenir ? à toutes les personnes avec lesquelles nous avons vécu ? » Et la réponse de l'Évangile, c'est : « Oui ! l'avenir est ouvert, et dans chacun de tes gestes de partage, ce paradis, tu y entres déjà ! » C'est inouï !

C'est l'Évangile des Béatitudes que vous évoquez, celui des pauvres, celui des doux. Certains disent que Monseigneur Gaillot ne dit rien ! Finalement, l'Évangile des Béatitudes, lui non plus, ne dit rien !

Oui, et cela ne m'arrive pas souvent, je me suis mis en colère contre ceux qui affirmaient que Monseigneur Gaillot ne disait rien. Il ne dit rien, il est complètement vide, et quand Jésus dit « Heureux les pauvres, heureux les doux », ce n'est rien non plus, en effet, c'est complètement vide ! Si Jacques Gaillot m'a bouleversé au-delà de tous les choix qu'il a faits, c'est parce que j'ai senti, chez lui, presque à l'état nu, une parole d'Évangile. Et un homme. Je pense que je n'en suis pas capable, pas du tout comme lui, qui, à la ville et à table, et ici devant vous, et partout, a cet accueil inouï. Quelqu'un, un jour, a parlé à son propos d'une « théologie de l'accueil », qui fait qu'à ses yeux toutes les questions sont possibles, que toutes les situations peuvent être accueillies. C'est une merveille du monde, qu'il existe un évêque qui ne s'étonne pas devant une situation, quelle qu'elle soit, et qui ne sorte pas tout de suite ses catégories ! Rien que cela mérite de sauver Jacques Gaillot.

LE PARI

Fragilité, actualité intériorité

EDMOND BLATTCHEN. — *Gabriel Ringlet, nous voici déjà arrivés au moment du pari. On vient d'évoquer la force de l'intérieur avec saint François. Au début de l'entretien, vous avez dit quelque chose comme : « L'avenir sera aux mystiques. » Alors, pour paraphraser André Malraux — qui n'a jamais dit : « Le XXI° siècle sera religieux ou ne sera pas », — diriez-vous que le XXI° siècle sera mystique ou qu'il ne sera pas ?*

GABRIEL RINGLET. — Pour moi, s'il ne se produit pas une grande rencontre entre la mystique et la modernité, au sein de laquelle toutes les religions seront partie prenante, je ne réponds pas de ce qui pourrait arriver au XXIe siècle, sinon l'épouvante ! En réplique à cette phrase que Malraux n'a jamais prononcée, un philosophe pour lequel j'ai beaucoup d'admiration et qui est mort, Jacques Ellul, a dit : « Le XXIe siècle sera religieux *et donc* il ne sera pas. » C'est terrible ! Mais ce n'est pas qu'un jeu de mots. « La religion peut ensemencer l'épouvante ! » : c'est mon collègue Gesche qui le dit souvent, à Louvain — je ne suis pas le seul à le dire. La religion peut enfermer de manière incroyable ; elle peut détruire. Je connais des gens brisés de culpabilité à cause de la religion.

Et donc je pense que le grand pari pour les religions, c'est justement de retrouver cette force, cette grande force du dialogue, avec ceux qui les ont conduites plus loin qu'elles-mêmes.

Je crois beaucoup à la mystique et à l'intelligence. Dans le fond, que l'intelligence et la poésie dialoguent ! Que l'on retrouve le sens de la gravité, que l'on retrouve le sens de l'intelligence. Non pas l'intelligence des intellectuels, mais l'intelligence qui est à la portée de chacun.

> *Un retour à la raison qui vous fait dire, dans un dossier consacré aux affaires de l'Église : « La foi qui ne conduit pas à la libre pensée est une foi morte. »*

Tout à fait ! La libre pensée est quelque chose de fort important pour nous chrétiens, pour moi chrétien, comme interpellation. Mais je vais plus loin : je pense que la foi telle que je la conçois, ce *non* à Dieu tel que je le conçois, exige que ma pensée soit de plus en plus libre. Je crois que c'est tout à fait fondamental. La libre pensée — que les libres penseurs me pardonnent — ne leur est pas réservée : elle est propre à chaque homme qui s'interroge en vérité et qui se roule dans la poussière avec son Dieu.

> *Les grands dangers pour le siècle à venir, vous les montrez du doigt régulièrement. Vous parlez de l'intégrisme…*

Sûrement.

> *… du syncrétisme, du sectarisme et de l'intégralisme. L'intégralisme est sans doute le danger le moins connu, mais il est peut-être, par exemple au sein de l'Église catholique, le plus présent !*

Oui, l'intégralisme, c'est le désir de reconquête — qui rejoint un peu, dans un petit domaine, ou un grand, comme on veut, le journalisme chrétien dont on a déjà parlé, — c'est le désir de reconquête chrétienne, d'Europe chrétienne, de revenir avant 1789, de retrouver finalement une religion qui occuperait la totalité de l'espace public. Pour moi, c'est non seulement une injure à la modernité et à la post-modernité, mais aussi une trahison de l'Évangile et du christianisme. S'il y a une autonomie de ce que le Concile Vatican II appelait déjà « les tâches terrestres », c'est parce que, dans l'essence même du christianisme, il doit y avoir autonomie. « Rendez à César ce qui est à César, et à

Dieu ce qui est à Dieu » n'est pas qu'un slogan ! Le Christ rend son autonomie au monde, si j'ose dire, *contre* ce que la pensée religieuse pourrait avoir de trop envahissant.

> *La société belge se caractérise — et c'est tant mieux, parce qu'elle tient sur deux piliers plus fermement que sur un seul — par le pilier catholique et le pilier laïque. Dans ce même dossier consacré aux affaires de l'Église, vous dites à peu près ceci : « Les frontières ne passent plus par les mêmes chemins. » Est-ce à dire que, pour vous, les intégristes peuvent être des deux côtés ?*

C'est tout à fait clair ! J'ai la chance, et j'en suis très heureux, d'être invité par des milieux laïques, y compris francs-maçons. Je suis très touché personnellement par la qualité des rencontres et des débats que je peux avoir dans des milieux qui me sont peut-être au point de départ plus éloignés, mais ce sont ces milieux-là qui me disent qu'ils ont aussi leur intégrisme et leur fermeture. Alors, pour moi, le grand enjeu, c'est que nous cessions de nous caricaturer, que nous essayions de rencontrer chez l'autre ce qu'il y a vraiment de meilleur en lui. Si nous voulons faire plus qu'un bout de chemin ensemble, il est indispensable de reconnaître où sont aujourd'hui les frontières. Les gens d'ouverture sont de tous les côtés ; hélas, les gens de fermeture aussi.

Vous citez régulièrement le sociologue français Émile Poulat, qui a dit : « Nous sommes entrés dans une ère post-chrétienne[9]. » À votre avis, si l'Église ne fait pas le pari de la modernité, sans nécessairement passer par un Vatican III, pourra-t-elle survivre au XXIe siècle ?

Non ! Sinon, nous allons nous trouver devant un schisme. L'Église se trouve face à un choix fondamental. D'abord, dans sa propre organisation. Je pense qu'elle doit se décentraliser radicalement ; cela me paraît tout à fait clair. Je

pense aussi qu'elle doit absolument se convaincre — je parle ici de l'Église catholique — qu'elle ne détient qu'une part de la vérité ; que la vérité est plurielle. La vérité, il nous faut ensemble, tous ensemble, chacune et chacun, avec nos colorations, la mettre au monde. Donc l'œcuménisme, et pas seulement à l'intérieur du christianisme, mais entre religion et laïcité. Ce qui veut dire que les grands courants spirituels vont se mettre ensemble pour reconstruire du sens et alors l'Église sera partie prenante, sinon elle deviendra une sous-
culture.

Fragilité de Dieu, fragilité de l'actualité, fragilité de l'homme, notre propre fragilité, fragilité de l'Église. Ce mot, fragilité, qui est vraiment le mot clé de votre pensée, d'où vous vient-il, Gabriel Ringlet ? Est-ce qu'il ne vous vient pas de ce que vous avez vécu à douze ans ?

Je crois que oui, que ce que j'ai vécu à douze ans a été le chemin qui commençait pour moi, et qui m'a poursuivi jusqu'à aujourd'hui. À l'époque de mes douze ans, j'ai été malade pendant une année entière ; et quand on est petit garçon et qu'on reste cloué au lit toute une année, beaucoup de choses peuvent se passer dans sa tête, malgré toute la tendresse dont on peut être entouré, dont j'étais entouré.

Deux éléments ont été alors tout à fait déterminants, et c'est pour cela que j'aime que « la mystique » rejoigne le quotidien.

Le premier, c'est ma brebis. J'avais dressé un petit mouton ; devenu grand, il venait pratiquement chaque jour bêler sous ma fenêtre, alors que moi, je ne pouvais pas quitter mon lit : cela m'a permis une traversée extraordinaire.

Et puis, il y a eu Luc Varenne[10]... Mon frère aîné, qui est aussi mon parrain, et pour lequel j'ai beaucoup d'affection, m'avait offert un micro, et tous les jours, pendant plusieurs heures, j'imitais Luc Varenne : je répétais l'arrivée du Tour de France. Évidemment, je changeais un petit peu l'ordre des choses pour que les coureurs belges gagnent plus souvent…

Je pense que l'imaginaire a commencé à m'habiter à ce moment-là et à expliquer bien des traversées par la suite.

Comme quoi, la grâce peut emprunter des chemins mystérieux jusqu'à nous et nous vous en remercions. Liberté, égalité, fraternité ; à la célèbre devise vous ajoutez : « Fidélité, diversité, modernité. » À moins que ce ne soit donc : « Fragilité, actualité, intériorité. » Autant de mots qui témoignent à la fois de votre identité mais aussi de votre complexité.

Merci, Gabriel Ringlet, de vous être dévoilé dans les limites de ce petit écran souvent trop étroit, vous le savez bien, vous qui nous observez pour accueillir la vérité, fût-elle la vérité d'un seul homme ou d'une seule femme.

Merci.

Bon retour, Gabriel Ringlet, à l'Université catholique de Louvain, l'une des plus vieilles au monde dans l'une des villes les plus jeunes du monde, et au Prieuré de Malèves-Sainte-Marie.

Bonsoir.

Notes de l'éditeur

1. Consulter la bibliographie en fin de volume.
2. Jean Debruynne, poète français contemporain.
3. Olivier Clément, historien et théologien orthodoxe français contemporain.
4. Jean Sulivan (1913-1980), écrivain français.
5. Interview accordée à *L'Actualité religieuse
   dans le monde*, 15 mars 1991, p. 45.
6. Lucien Guissard, journaliste français contemporain, belge d'origine.
7. Interview de l'Agence CIP, 10 février 1994.
8. Jean-Claude Renard, écrivain français contemporain.
9. Dans *L'ère post-chrétienne*, Éditions Flam-
   marion, 1994.
10. Luc Varenne, né en 1914, journaliste sportif
    belge, aussi célèbre dans son pays que Léon
    Zitrone en France.

Bibliographie de Gabriel Ringlet

Essais

Le mythe au milieu du village, Comprendre et analyser la presse locale, Éditions Vie ouvrière, 1981.

Dieu et les journalistes, Éditions Desclée de Brouwer, 1982.

Écrire au quotidien, en collaboration avec F. Antoine, J.-F. Dumont et P. Marion, Éditions Vie ouvrière, 1987.

La puce et les lions, Le journalisme littéraire, en collaboration avec Lucien Guissard, Éditions Universitaires/De Boeck, 1988.

Les vivants et leurs morts, collectif, Éditions du Crédit communal, 1989.

Éloge de la fragilité, L'actualité à fleur d'évangile, Éditions Duculot, 1990. Réédition aux Éditions Desclée de Brouwer/Racine, 1996.

Ces chers disparus, Essai sur les annonces nécrologiques dans la presse francophone, Éditions Albin Michel, 1992.

La peur, la mort et les médias, sous la direction de Marc Lits, Éditions Vie ouvrière, 1993.

Le roi est mort, Émotion et médias, sous la direction de Marc Lits, Éditions Vie ouvrière, 1994.

Dialogue et liberté dans l'Église, en collaboration avec Jacques Gaillot, Éditions Desclée de Brouwer, « L'Appel », 1995.

Un peu de mort sur le visage, Éditions Desclée de Brouwer, 1997.

La presse écrite en Belgique, en collaboration avec J.-F. Dumont et B. Grevisse, Éditions Kluwer, 1998.

L'évangile d'un libre penseur, Dieu serait-il laïque ?, Éditions Albin Michel, 1998.

ARTICLES

Au pays des tombes en papier, in *Bulletin de la Société de Thanatologie française*, n°68 et 69, « Études sur la mort », 1986.

De la beauté pour les morts, numéro spécial de *Pierre et Marbre*, 1987.

Nouvelles et Bonne Nouvelle : un discours blessé, in *Lumen Vitae*, vol. XLII, n°3, 1987.

La famille, la mort et les médias, in *Les médias ont-ils l'esprit de famille ?*, 1988.

Qu'est-ce qu'un événement ?, in *Médiacteurs,* n°5, Média Animation, 1989.

Mort et communication, in *Recherches en cours,* bulletin des théologiens francophones de Belgique, 1990.

Une université catholique, in *L'Université catholique de Louvain, Vie et mémoire d'une institution,* sous la direction d'Albert d'Haenens, Presses universitaires de Louvain/ La Renaissance du Livre, 1991, 1993.

La presse quotidienne belge francophone : quelques suzerains, des omnibus et un carrousel, in *Guide des médias,* supplément n°8, 1991.

Que reste-t-il de nos écrits ?, in *Échanges,* n°256, 1991.

L'intériorité et l'école, in *Humanités chrétiennes,* n°1, 1991-1992.

Quelles missions pour les médias ?, in *Médias et service public,* Centre d'études constitutionnelles et administratives, Éditions Bruylant, 1992.

Communiquer l'intelligence de la foi, in *Vivre,* Bible et Liberté, n° 2, 1993.

Quand le Petit Prince rentre chez lui, Mort et naissance de l'enfant dans la nécrologie, in

Naître autrefois, Éditions En Piconrue/Crédit communal, 1993.

Le paradis des faire-part, in *L'Actualité religieuse dans le monde,* hors série n°3, 1994.

Guérir de la mort, l'ultime secret, in *Revue de l'Université catholique de Louvain,* novembre 1995.

Les artistes du peuple de Dieu, in *Livre blanc à Jean-Paul II, Extraits de lettres de chrétiens de Belgique et de France,* Éditions EPO, 1995.

Marcher sur les eaux, in *Les affaires de l'Église, de Léonard à Gaillot,* Éditions Vie ouvrière, 1995.

PUBLICATIONS DE L'OBSERVATOIRE DU RÉCIT MÉDIATIQUE

La médiamorphose d'Alain Van der Biest, sous la direction de Gabriel Ringlet et la coordination de Frédéric Antoine, Éditions Vie ouvrière, 1993.

La presse et les affaires, sous la direction de Gabriel Ringlet et Marc Lits, Éditions Vie ouvrière, 1995.

ENREGISTREMENTS

Libres paroles dans l'Église, rencontre débat entre Jacques Gaillot et Gabriel Ringlet animée par Frédéric Antoine, Éditions

Desclée de Brouwer, « L'Appel », 5 avril 1995.

Gabriel Ringlet, entretien avec Edmond Blattchen, émission *Noms de dieux* du 14 janvier 1996, Radio Télévision belge. Disponible à la Médiathèque de la Communauté française de Belgique, réf. F 115 SA2450.

Cet ouvrage, le quatrième de la collection
« L'intégrale des entretiens NOMS DE DIEUX
d'Edmond Blattchen », a été composé en
New Baskerville corps onze et achevé d'im-
primer le 21 juin deux mille chez Bietlot à
Gilly, Belgique, sur papier Meije bouffant
90 g pour le compte de Alice Éditions,
Michel de Grand Ry, éditeur.